Fast jeden Tag mache ich ein kleines Gedankenspiel: »*Stell dir den Eisbären vor.*« Egal wo ich bin – im Haus, im Garten, im Zug oder bei der Arbeit –, halte ich kurz inne und denke daran, dass irgendwo dort auf demselben Planeten, wo auch ich bin, ein Eisbär sein Eisbärenleben lebt. Ich versuche mir vorzustellen, was er gerade macht, wie es ihm wohl geht, was er so denkt. Das ist meine Art, mich darauf zu besinnen, dass es nicht nur um *mich* geht. Alles Leben ist von Bedeutung, auch wenn es noch so weit entfernt scheint.

Unser weißer Planet ist im Wandel. Schnee, Eis und all diese wunderbaren Geschöpfe scheinen weit entfernt - aber das sind sie nicht. Sie sind unsere Mitbewohner, und sie sind sehr wichtig für unser globales Ökosystem. Deshalb kommen wir ihnen Tag für Tag sehr nah. Mancher Fisch auf unserem Teller kommt wahrscheinlich aus diesen kalten Meeren, der Sprit in unserem Tank wurde vielleicht durch gefrorenen Boden gefördert und unser Bauholz häufig in frostigen Wäldern geschlagen. Das verbindet uns mit diesen erstaunlichen Orten, mit den Pflanzen und Tieren, die sie beleben. Wir Menschen sind Teil ihres Problems und müssen deshalb auch Teil der Lösung sein.

Denn es gibt Lösungen. Wir alle können etwas bewirken. Dabei geht es nur um eines: Veränderung. Anders denken und anders leben. Wir haben die Macht dazu, aber *wir* sind es auch, die handeln müssen – wir können damit nicht auf »die anderen« warten. Jede und jeder kann einen noch so kleinen Beitrag leisten. Jedes kleine bisschen addiert sich und führt zusammengenommen dazu, dass die Arktis, die Antarktis und die Berggipfel eine Zukunft haben können. Aber das muss jetzt geschehen. Wir sind *eine* Spezies, die *einen* Planeten beherrscht, der *ein* großes Problem hat, und dieses lässt sich lösen. Prüfen wir also unser Leben und das unserer Familie und Freunde, und fragen wir uns: »Was könnte, was *sollte* ich tun, damit sich etwas ändert?« Und dann lasst es uns in die Tat umsetzen! Irgendwo dort draußen machen wir damit einen Pinguin oder einen Eisbären glücklich – besser geht's nicht!

– CHRIS PACKHAM

Bei diesem Buch wurden die durch das verwendete Material und die
Produktion entstandenen CO$_2$-Emissionen ausgeglichen, indem der
cbj Verlag ein Projekt zur Aufforstung in Brasilien unterstützt.
Weitere Informationen zu dem Projekt unter:
www.ClimatePartner.com/14044-1912-1001

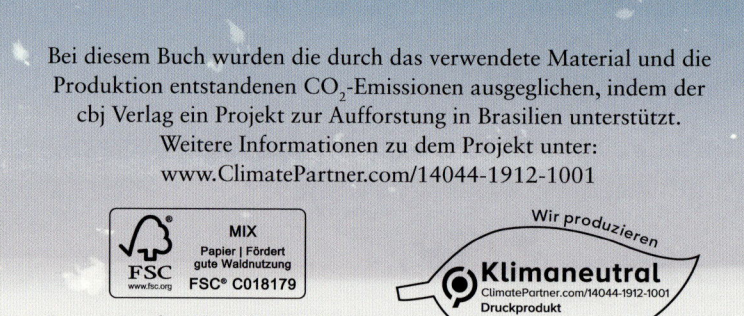

Penguin Random House Verlagsgruppe
FSC® N001967

1. Auflage 2022
Copyright Text © 2022 Leisa Stewart-Sharpe
Copyright Illustrationen © 2022 Kim Smith
© für die deutschsprachige Ausgabe 2022
cbj Kinder- und Jugendbuchverlag
in der Penguin Random House Verlagsgruppe GmbH,
Neumarkter Str. 28, 81673 München
Alle deutschsprachigen Rechte vorbehalten
Die Originalausgabe erschien 2022 bei Puffin, an imprint of Penguin
Young Readers Group, a division of Penguin Random House LLC
BBC and BBC Earth (word marks and logos) are trade marks of the
British Broadcasting Corporation and are used under licence.
BBC logo © BBC 1996. BBC Earth logo © 2014
Umschlaggestaltung: Geviert, Grafik und Typografie, unter Verwendung
der Originalillustration · Umschlagillustration: Kim Smith
Aus dem Englischen von Friedrich Pflüger
Lektorat: Regine Teufel · TP · Herstellung: UK
Satz: Lorenz+Zeller GmbH, Inning a. A.
ISBN 978-3-570-17864-5
Printed in Italy

www.cbj-verlag.de

DER GEFRORENE PLANET

Unser Planet ist blau – eine vom Ozean angetriebene Wasserwelt. Und er ist grün, mit seinen von Pflanzen bedeckten Feldern, Wiesen und Wäldern. Aber in ihrer letzten echten Wildnis ist unsere Welt ... weiß.

Jedes Jahr friert ein Fünftel unseres Planeten vorübergehend ein. Aber nicht nur die eisigen Pole verschwinden unter Eis und Schnee. Auch der Mount Kenya ragt schneebedeckt aus der sonnigen Savanne, während im Norden baumlose Tundra und gefrorene Wälder vorherrschen. Doch ebenso erstaunlich wie diese eisigen Lebensräume sind die außergewöhnlichen Kreaturen, die sie bewohnen.

Pflanzen und Tiere müssen hier extreme Temperaturen aushalten. Doch kaum haben sie sich darauf eingestellt, wechseln die Jahreszeiten. Auf klirrenden Frost ab dem Herbst folgt unweigerlich Tauwetter im Frühling. Heute droht diesen eisigen Lebensräumen jedoch eine neue Gefahr.

Jahrhundertelang waren die gefrorenen Lebensräume für uns kaum zugänglich. Nun erwärmt sich der Planet und sie bekommen den Klimawandel als Erste zu spüren.

Was ihnen geschieht, betrifft uns alle.

Tauch unter die Eisfläche und schwimm mit Seehundbabys, heb dich mit gefrorenen Flamingos in die Lüfte oder mach mit einem pupsenden Walross ein Nickerchen. Bestaune die aus Eis und Schnee geformten Welten und lerne ihn kennen, unseren weißen Planeten ...

WENN DIE WELT ABKÜHLT

Bevor man sich aufs Eis begeben kann, muss man wissen, wie sich Eis bildet. Wenn die Temperatur unter 0 °C sinkt, *gefriert* Wasser zu EIS – in vielen schönen Formen, von zugefrorenen Seen, Flüssen und Meeren bis zu GLETSCHERN und EISSCHILDEN. *So entstehen Welten aus Eis.*

An einem klaren, kalten Tag kannst du draußen vor dem Fenster Eis in seiner einfachsten Form sehen.

Bei Temperaturen unter null gefriert die in der Luft enthaltene Feuchtigkeit (Wasserdampf) am Boden, auf Blättern und anderen Oberflächen zu Eiskristallen. Das nennt man REIF.

Bei deiner Reise durch dieses Buch wirst du solche eisigen Welten entdecken. Weitere Erläuterungen findest du am Ende des Buches.

Auch in den Wolken können sich unter 0 °C **EISKRISTALLE** bilden. Diese haben immer sechs Ecken – *und jeder ist einzigartig.*

Eiskristalle bleiben häufig aneinander haften. So bilden sich **SCHNEEFLOCKEN** in vielen Formen und Größen.

Werden sie zu schwer, fallen sie zu Boden.

Ist es in tieferen Luftschichten wärmer, tauen sie an, und es fällt **SCHNEEREGEN**.

In Gewitterwolken können Regentropfen zu Eisklumpen *zusammenfrieren,* die als **HAGELKÖRNER** zu Boden fallen.

Das ist nicht alles – Eis ist auch wichtig für die Gesundheit unseres Planeten. Lies weiter und entdecke die überraschenden Superkräfte, die im Eis stecken …

DIE BEDEUTUNG VON EIS

Eine Fläche, etwa viermal so groß wie Russland, liegt den größten Teil des Jahres unter Schnee und Eis verborgen – die sogenannte **KRYOSPHÄRE**. An Land zählen dazu Gletscher, Polarkappen und Eisschilde sowie **PERMAFROST** genannte, dauerhaft gefrorene Bodenschichten. Im Wasser sind es gefrorene Seen und Flüsse, **MEEREIS** und **EISBERGE**. Sie alle spielen für das ökologische Gleichgewicht unseres Planeten eine wichtige Rolle.

KÜHLUNG DES WELTKLIMAS

Schnee und Eis der Kryosphäre wirken wie ein Schutzschild, denn sie werfen bis zu 90 Prozent des Sonnenlichts in den Weltraum zurück. Dies hilft bei der Kühlung des Planeten, aber wenn das Meereis verschwindet, absorbieren die dunklen Ozeane die Sonnenwärme und werden wärmer.

SÜSSWASSER

Nur ein kleiner Teil des Wassers auf der Erde ist Süßwasser, das man trinken kann, und mehr als 70 Prozent davon sind als Eis in **POLKAPPEN** und **GLETSCHERN** gespeichert – unseren größten Süßwasserreservoiren. Jeden Sommer geben Gebirgsgletscher Milliarden von Litern an Süßwasser ab und machen das Leben auf dem Planeten möglich.

EISIGE HEIMAT FÜR WINZIGE WESEN

Das **PHYTOPLANKTON** – winzige Algen, klein wie Staubkörner – spielt eine *riesige* Rolle für alles Leben im Ozean. Es gedeiht in Hohlräumen an der Unterseite des Meereises.

Besonders durch die Algenblüte im Frühjahr dient es dem winzigen im Meer treibenden **ZOOPLANKTON** – Ruderfußkrebsen, Quallen, Mollusken und Krustentieren wie Krill – als Nahrung.

Das Zooplankton wird seinerseits gefressen von größeren Fischen, Seevögeln, Walen und anderen Meeressäugern.

KREISLAUF DER MEERESSTRÖMUNGEN

Sinkt die Temperatur im Ozean unter den Gefrierpunkt, bildet sich an seiner Oberfläche Eis mit einem geringen Salzgehalt. Das Wasser darunter wird dadurch kälter, salziger und schwerer und sinkt zum Meeresboden. Angetrieben durch Wind und Strömungen, fließt dieses Wasser durch die Ozeane und verteilt Nährstoffe für eine Vielzahl von Lebewesen. Dieses sogenannte globale Förderband hält den Kreislauf der Ozeane in Gang.

Warm anziehen – wir besuchen jetzt unseren ersten eisigen Lebensraum ...

DER GEFRORENE OZEAN
GESCHICHTEN AUS DEM MEEREIS

Die Reise beginnt im Norden in der kanadischen Arktis. Hier auf der Baffin-Insel trotten **EISBÄREN** über die gefrorene Meeresoberfläche und orientieren sich mit Augen und Ohren im Zwielicht.

Der Winter ist hier eine einzige *lange* Nacht. Beim jährlichen Weg der Erde um die Sonne scheint diese durch die *Neigung* der Erdachse vier Monate lang nicht über den Horizont. Ohne ihre wärmenden Strahlen erstarrt jeden Winter eine Ozeanfläche größer als die USA zu Eis.

EIDER-ENTEN

Trotzdem gibt es unter der Eisdecke … Leben.

Eisfreie sogenannte **POLYNYAS** sind wie Fenster zu einer Welt unter Wasser. Die fahle Wintersonne beleuchtet **EIDERENTEN**, die nach Seeigeln tauchen

am

trüben

Meeresboden.

GRÖNLANDHAI

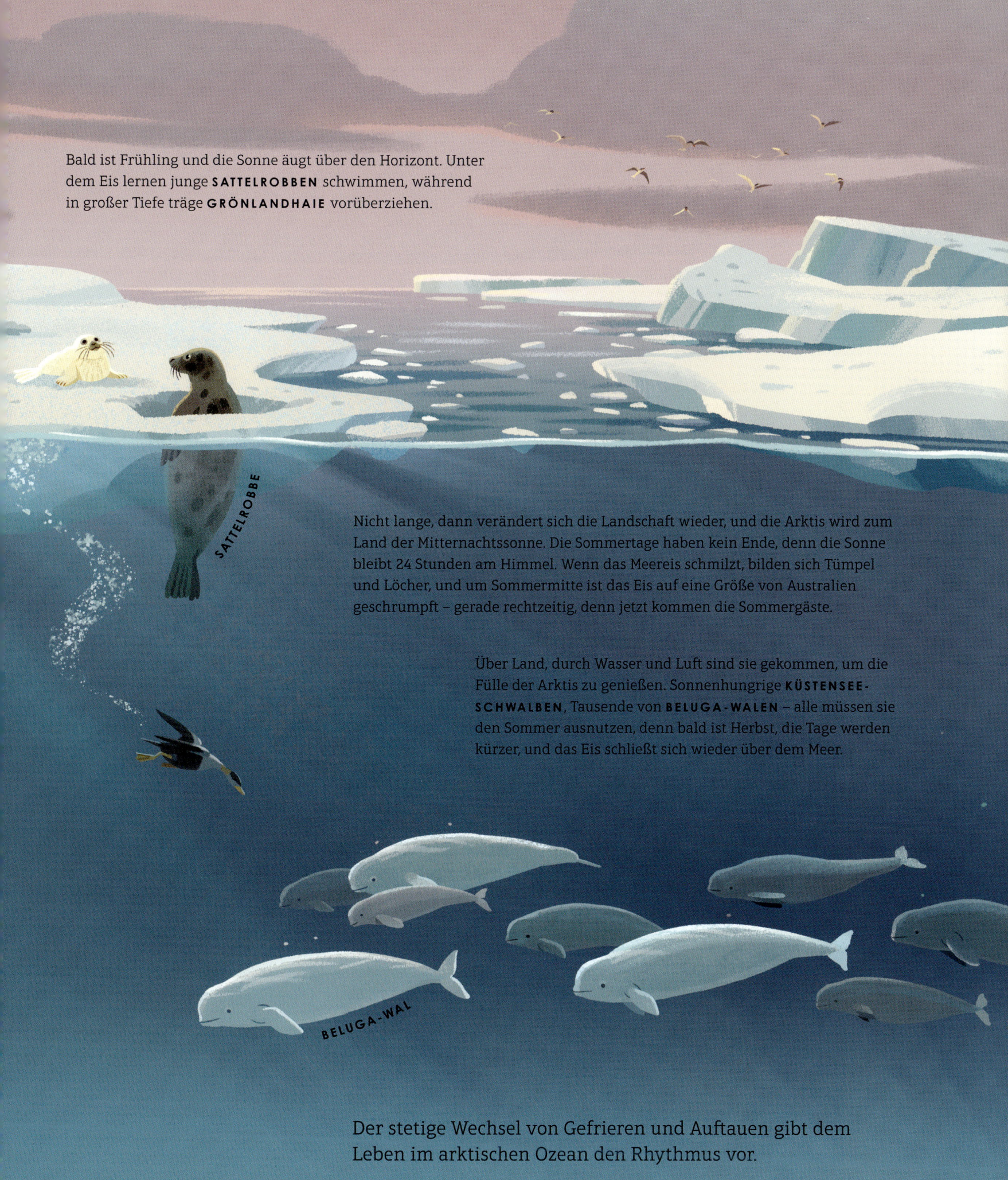

Bald ist Frühling und die Sonne äugt über den Horizont. Unter dem Eis lernen junge **SATTELROBBEN** schwimmen, während in großer Tiefe träge **GRÖNLANDHAIE** vorüberziehen.

Nicht lange, dann verändert sich die Landschaft wieder, und die Arktis wird zum Land der Mitternachtssonne. Die Sommertage haben kein Ende, denn die Sonne bleibt 24 Stunden am Himmel. Wenn das Meereis schmilzt, bilden sich Tümpel und Löcher, und um Sommermitte ist das Eis auf eine Größe von Australien geschrumpft – gerade rechtzeitig, denn jetzt kommen die Sommergäste.

Über Land, durch Wasser und Luft sind sie gekommen, um die Fülle der Arktis zu genießen. Sonnenhungrige **KÜSTENSEE-SCHWALBEN**, Tausende von **BELUGA-WALEN** – alle müssen sie den Sommer ausnutzen, denn bald ist Herbst, die Tage werden kürzer, und das Eis schließt sich wieder über dem Meer.

Der stetige Wechsel von Gefrieren und Auftauen gibt dem Leben im arktischen Ozean den Rhythmus vor.

GESCHICHTEN AUS DEM GEFRORENEN OZEAN

Es ist Sommer in der Arktis und das Leben ist schön.
Das Meer ist voller Lebewesen und wie dafür geschaffen, hier Ferien zu machen.

DAS PUPSENDE WALROSS

Dieses **WALROSS** ist im Meer vor Spitzbergen, zwischen Norwegen und dem Nordpol, am Schlemmen. Dort am Grund knackt es Muscheln und *schlürft* sie aus. Jetzt ist aber bald ein Verdauungsschläfchen auf dem Trockenen angesagt.

Da es kein Meereis gibt, muss es dafür an die Küste. Doch dort ist, so weit man sieht, alles voller dösender Walrösser. *Aber egal – bestimmt werden sie ihm Platz machen.*

Mühsam robbt das Schwergewicht durch die Menge, verschnauft dann ein Weilchen und macht wieder ein paar Schritte.

Hmm, das könnte eng werden.

Immer sachte, fast geschafft und …

FLOPP! Ausruhen und verdauen.

Kaum sind die Augen zu, da grummelt es auch schon im Bauch, es gluckert laut, und dann …

BLARRRRRP

… erleichtert es sich.

Verdauen kann ziemlich laut sein.

Oje! Alle machen mit und trompeten wie eine ganze Blaskapelle.

PUPS!

TRÖÖT!

FURZ!

Das Walross läuft rot an, aber nicht aus Verlegenheit. Jetzt ist Abkühlung im Meer gefragt. Vielleicht könnte man ja einfach … rollen.

Einmal, zweimal, beim dritten Mal …
PLATSCH. Endlich im Kühlen!

GOCKEL AUF DEM SOCKEL

Mehr als eine Million **SCHOPFALKE** sind zum sommerlichen Stelldichein auf der sturmumtosten Sankt-Lorenz-Insel (zwischen Alaska und Sibirien) eingeflogen – es ist Brutzeit! Das junge Männchen möchte eine Partnerin gewinnen. Aber in einem ganzen Meer aus großen Haartollen ist es schwer, aufzufallen.

Besonders im Vergleich zu dem TOP-Männchen auf seinem Felsen.

Er ist einfach SPEKTAKULÄR!

Seine Federn sind wirklich prächtig.

Er klingt wie ein Showstar.

Und hat sogar eine Bühne.

Alle Alke sehen zu, wie er seine Brust bläht, den Hals reckt und …

TRÖTET!

Der Gockel scheint mit seiner Vorstellung am Ende, als er …

… SCHNÜFFEL, SCHNÜFFEL …

seinen unverkennbaren, betörenden Mandarinenduft verströmt – einfach *unwiderstehlich*.

Hingerissen *drängen* sich seine Fans um ihn.

Traurig sieht das junge Männchen zu und nimmt Anregungen für das nächste Mal mit.

WELLNESS IM MEER

Seit Jahrhunderten gleiten **GRÖNLANDWALE** träge durch die Ozeane und folgen dabei alten Migrationsrouten in die sommerlichen Gewässer der Arktis.

Sie sind nicht nur die ältesten Säugetiere des Planeten, sondern auch mit die größten – ausgewachsene Tiere sind länger als ein Lastwagen und wiegen so viel wie ein Flugzeug.

Sie versammeln sich in einer warmen, flachen Bucht vor der sibirischen Ostküste – einem Wellnessparadies für Grönlandwale, die sich im Sommer hier pflegen.

Dazu legen sie sich auf die Seite, winken mit Brust- und Schwanzflossen und reiben dann ihre massigen Körper an den Felsen am Meeresboden.

Ah, genau die Stelle!

Die Felsen schilfern abgestorbene Hautpartien ab und schon bald glänzen die Wale wie neu.

Aber die Freude währt nur kurz.

Ungebetene Gäste tauchen im Wellnessbereich auf.

. . . ORCAS.

Diese schnellen *hungrigen* Wölfe der Meere jagen im Rudel.

Sofort wird die Herde unruhig. Die Grönlandwale haben schon viele Narben von früheren Begegnungen mit Schwertwalen.

Schläge mit den kräftigen Schwanzflossen sind ihre einzige Waffe. Schon haben die Orcas ein junges Männchen abgesondert.

Schnell ist es umringt.

Auch Orcas müssen fressen und das werden sie heute.

BEWOHNER
DES GEFRORENEN OZEANS

GULP!

Mehr als 10 000 **GRÖNLANDWALE** mit wohnwagengroßen Mäulern ziehen gemächlich durch die arktischen Meere. Jeder siebt mit seinen besonders feinen Bartenkämmen täglich bis zu sechs Tonnen Plankton aus dem Wasser.

DAS IST **KEIN** ROSA LUFTBALLON

Männliche **MÜTZENROBBEN** können das Innere ihrer Nase aufblähen, um Rivalen zu vertreiben und Weibchen zu beeindrucken.

DAS EINHORN DER MEERE

Einhörner gibt es tatsächlich. Sie fliegen aber nicht, sondern schwimmen unter dem Eis der Arktis. Ihr »Horn« ist ein schwertähnlicher, bis zu 3 m langer Eckzahn, der **NARWAL**-Männchen durch die Oberlippe wächst.

Hin und wieder tragen auch Weibchen einen kleinen Stoßzahn. Und in sehr seltenen Fällen werden Exemplare mit zweien beobachtet! *Unglaublich*.

GROSSVATER DER MEERE

Von allen Wirbeltieren der Welt lebt der **GRÖNLANDHAI** am längsten. Viele werden 250 Jahre alt, aber Forscher haben auch schon ein etwa 400-jähriges Exemplar gefunden.

Lass dich nicht täuschen – Grönlandhaie mögen alt und langsam sein und schlecht sehen, aber Wissenschaftler zählen sie zu den gefährlichsten Lauerjägern der Meere.

GRÖNLANDHAI

KÖNIG DES SEETANGS

Männliche **WIDDERKREBSCHEN** mögen dünn und durchsichtig aussehen, sind aber die Krieger der Tangwälder. Sie turnen an den Wedeln herum, klammern sich fest und versuchen, es bis zum Plankton-Festmahl nach oben zu schaffen. Dort herrscht Gedränge und schon gibt es Streit. ZACK! PUFF! Mit ihren übergroßen Scheren fechten sie regelrechte Boxkämpfe aus.

WIDDER-KREBSCHEN

WER HAT HAARE AUF DEN FÜSSEN?

EISBÄREN! Zum Schutz gegen die Kälte beim Wandern übers Eis haben sie auf der Unterseite der Tatzen Fell zwischen den schwarzen Ballen und den Zehen. Die Tatzen sind breit wie Tennisschläger und funktionieren wie Schneeschuhe. Kleine Schwimmhäute zwischen den Vorderzehen helfen beim Paddeln im Meer und machen Eisbären zu so guten Schwimmern, dass sie zu den Meeressäugern zählen.

EISBÄR

VERTRIEBENE DER EISWELT

Weil der Klimawandel die Ozeane erwärmt, verliert die Arktis jeden Sommer mehr Eis, als sie im Winter dazugewinnt.

In den letzten 40 Jahren ist das Meereis auf die Hälfte geschrumpft, und Experten fürchten, dass die Arktis 2035 eisfrei sein wird. Ohne Eisflächen als Jagdstützpunkte müssen Eisbären versuchen, schwimmend eine Küste zu erreichen. Manche paddeln zehn Tage am Stück mehr als 600 Kilometer weit – so lang ist der Ärmelkanal –, um endlich aufs Trockene zu kommen.

Ausgestoßene Eisbären drängen sich auf der Wrangelinsel vor der russischen Nordküste, neuerdings eine der größten Eisbär-Populationen der Welt. Die Bären jagen hier Walrosse und Lemminge oder fressen Aas von angespülten Walen; aber die energiereichen Seehunde, von denen sie auf dem Meereis leben, sind nicht zu ersetzen. Daher müssen die vielen hungrigen Bären um jeden Bissen kämpfen. Jahr für Jahr kommen mehr Eisbären zur Wrangel-Insel und bleiben dort über einen Monat länger als vor dem Klimawandel.

Die Erwärmung der Arktis und das schwindende Meereis zwingen die Eisbären dazu, sich an ein Leben an Land anzupassen. Die Frage ist nur, ob dies den aufs Jagen in Meer und Eis spezialisierten Tieren schnell genug gelingt.

GEFRORENES LAND
ÜBERLEBENDE IM VERBORGENEN

Im Gürtel der **BOREALEN NADELWÄLDER**, die vom Norden unseres Planeten bis über den Polarkreis nach Süden reichen, ist mehr als sechs Monate lang Winter. In der **ARKTISCHEN TUNDRA** liegt sogar mindestens neun Monate lang Schnee. Wer hier in der bitteren Kälte überleben will, muss bis an seine Grenzen gehen.

An die Gewässer der Arktis schließen sich die baumlosen Ebenen der Tundra an. Pflanzen haben es hier schwer, denn die tieferen Bodenschichten sind dauerhaft gefroren. Nur Flechten und Flachwurzler wie Gräser und Moose finden im Boden Halt.

Auf die öden Weiten der Tundra folgen im Süden schüttere Bäume und schließlich die großen **BOREALEN NADELWÄLDER** – ein Meer aus Lärchen und Nadelbäumen, die sich unter der Schneelast biegen.

Der Winter in den borealen Wäldern der russischen **TAIGA** wird von Kälte und Stille bestimmt, und man könnte glauben, die einzigen Bewohner … seien Geister. Lautlos schiebt sich ein hungriger **AMURLEOPARD** durch den Wald. Das ferne Krächzen von **KRÄHEN** könnte ihn zu einer Mahlzeit führen. Er hat Glück – sie haben einen verendeten **SIKAHIRSCH** gefunden. Eine seltene Gelegenheit für diese seltenste aller Großkatzen.

Erstaunlicherweise verbirgt dieser Wald …

AMURLEOPARD

... *noch einen anderen Geist.*

AMURTIGER

Auch ein **AMURTIGER** hat die Krähen gehört und auch er hat Hunger. Viele Bäume und Felsen in seinem Revier hat er durch Riefen oder mit seinem Duft markiert. Dem Leoparden sind diese Warnungen nicht entgangen. Die Geister mögen Wald, Bäume und Wege teilen – eine Mahlzeit aber auf keinen Fall.

Die Geister der borealen Nadelwälder lehren uns, dass nicht nur bei den Bäumen, sondern auch bei den Wildtieren nur die Zähesten überleben. Werden wir noch andere Geheimnisse finden?

GESCHICHTEN
AUS DEM GEFRORENEN LAND

WER HAT ANGST VORM BÖSEN WOLF?

In den eisigen Weiten der kanadischen Wälder sammeln sich hungrige **WÖLFE**. Großrudel wie dieses hier mit 25 Tieren, wahrscheinlich aus mehreren Familien, gibt es nur selten. Es hat sich vorgenommen, das größte Beutetier der Gegend zu erlegen … den gewaltigen **BISON**.

Ein ausgewachsener Bison ist etwa zehnmal so groß wie ein Wolf und kann diesen mit einem Tritt töten. Von einem Bison wird dafür aber das ganze hungrige Rudel satt – und es hat seit fünf Tagen nichts gefressen.

Die Leittiere haben die Lage gepeilt und führen den Angriff an.

Mit gesträubtem Nackenfell und gebleckten Zähnen setzen sie der Herde zu. Die Bisons spüren, dass ein Angriff bevorsteht, werden unruhig, heben die Schwänze und drängen sich zusammen. Schließlich schlagen die Wölfe los und die Bisons … *nehmen Reißaus.*

Die Wölfe sind den Bisons dicht auf den Fersen. Wölfe haben zwar die größere Ausdauer, aber im freien Gelände sind ihnen die Bisons ebenbürtig. Nun suchen sie Schutz im Wald und das Ganze wird zu einem

tödlichen Versteckspiel.

Die aufgeschreckten Bisons verhalten sich möglichst still, aber vor den Wölfen können sie sich nicht verstecken. Schon eine falsche Bewegung verrät sie. *Die Jagd beginnt von Neuem.*

Beim Tumult im Wald werden einige Bisons von der Herde getrennt. Die Wölfe sind nun in der Überzahl und *greifen an*.

Und was sagt der böse Wolf?

Mahlzeit!

DAS LEBEN ALS LEMMING

In der öden, schneebedeckten Tundra – dem kältesten Lebensraum der Erde – steht das Essen nicht bequem im Eisschrank bereit.

Die einsame **POLARFÜCHSIN** *kann ein Lied davon singen.*

Diesen Winter ist sie auf der Suche nach winzigen Happen schon Tausende Kilometer gelaufen. Dabei lassen es sich die leckeren Happen gut gehen,

direkt

unter

ihren Pfoten.

Unter dem Schnee liegt ein ganzes Netz von Gängen – eine Welt im Verborgenen.

Hier ist Lemminghausen.

Da kommt auch schon die Hausbesitzerin. Die sogenannten **ECHTEN LEMMINGE** sind zwar klein und gedrungen, graben aber wie die Weltmeister. *Schau nur,* was sie hier alles geschaffen haben.

Es gibt eine Kammer für dringende Lemming-Bedürfnisse.

Und ein gemütliches Schlafzimmer.

Der ganze Bau ist wie ein großer, urgemütlicher Kühlschrank, vollgestopft mit *leckerem* Moos.

QUIEK!

SCHICKER PELZ

Mit Kälte kennt sich der **POLARFUCHS** aus, selbst wenn es dreimal so kalt wie im Gefrierschrank ist – und er hat Stil. Das weiche weiße Fell hält warm, den buschigen Schwanz legt er wie einen Schal um den Körper. Die Pfoten sind wie Pelzstiefel – zum Anschleichen ideal. Nun ja … meistens.

Was war das? Oben stellt die hungrige Füchsin die Ohren auf.

Sie hört dich, Leckerbissen, tief unter ihren Pfoten.

Sie kann dich nur nicht sehen.

Mit jeder Minute wird die Füchsin hungriger und zieht weiter. Vielleicht ist der nächste Leckerbissen ja leichter zu haben.

QUIEK!

QUIEK!

BEWOHNER
DER EISIGEN LANDSCHAFT

VON OBEN

UNTERSEITE

ZIERSCHILDKRÖTEN

EISBABYS

Im hohen Norden leben nur sehr wenige Reptilien. Sie brauchen spezielle Verhaltensweisen, um den Winter zu überleben. Im gefrorenen Boden der Algonquin-Wälder in Kanada gibt es winzige gefrorene **ZIERSCHILDKRÖTEN**. Sie schlüpfen im Herbst, halten aber in ihrem unterirdischen Nest bis zum Frühling Winterschlaf. Sie bestehen fast zur Hälfte aus Wasser, das währenddessen größtenteils gefriert. Frisch geschlüpfte Schildkröten schlafen also lange und steif gefroren, bis sie auftauen und aus dem Nest an die Oberfläche krabbeln.

BLÜTEN UND BIENEN

Im Juni blühen in der skandinavischen Tundra winzige **ZWERGWEIDEN** – genau die richtige Nahrung für eine **ARKTISCHE HUMMEL**königin, die eben aus dem Winterschlaf erwacht ist. Sie baut nun ein Nest, aber der Boden ist noch kalt. Lässt sie ihre Eier zu lange allein, dann erfrieren sie. Deshalb macht sie es wie ein Vogel, sitzt auf dem Gelege und zittert, bis ihr pelziger Bauch ganz warm wird. So können aus den bebrüteten Eiern nach einigen Tagen die raupenähnlichen Larven schlüpfen – gerade rechtzeitig, um das gute Wetter auszunutzen.

ARKTISCHE HUMMEL

ZWERGWEIDE

ACHT WOCHEN BIS ZUM ABHEBEN

So lange brauchen die Küken der **SCHNEE-EULEN**, um fliegen zu lernen. Fünf Lemminge am Tag bekommen sie als Kraftstoff. Flugbereit sind sie, wenn ihnen statt der flaumigen Daunen kammförmige Deckfedern gewachsen sind. Bald schon tapsen sie durch die Tundra, hüpfen, flattern mit den Flügeln und schließlich … heben sie ab!

GEISTERKATZEN

Vor etwa fünfzehn Jahren gab es nur noch 30 wilde **AMURLEOPARDEN**, aber durch den Schutz der Wälder und Maßnahmen gegen Wilderei wird versucht, diese Art vor dem Aussterben zu bewahren. Heute leben in Höhlen in entlegenen Wäldern Sibiriens etwa 120 Leoparden. Der **AMURTIGER** ist doppelt so groß wie der Amurleopard und etwa 500 von ihnen schleichen lautlos durch die Bergwälder Ostsibiriens.

AMURTIGER

AMURLEOPARD

KLEINE FISCHE, GROSSES MAUL

Jeden Sommer ziehen Millionen von **ROTLACHSEN** vom Ozean zum Laichen in die Flüsse Alaskas. Dort werden sie von **GRIZZLYBÄREN** erwartet. Die sind, auf den Hinterbeinen stehend, beachtliche 2,5 Meter groß! Sie warten im knietiefen Wasser und schnappen sich mit den Klauen und aufgerissenem Rachen die fetten Leckerbissen.

GRIZZLYBÄR

SOCKEYE-ROTLACHSE

AUF WANDERSCHAFT

In der offenen Tundra entspinnt sich eine besonders dramatische Geschichte der Tierwelt.

Seit Tausenden von Jahren folgen die Rentierherden denselben Wanderrouten und ziehen von den Winterquartieren in die Brutregionen. Die sogenannte Porcupine-Herde mit 200 000 Tieren ist unterwegs.

Nach neun harten Wintermonaten erreicht die Herde die Weideplätze im Nordosten Alaskas – gerade rechtzeitig, denn die trächtigen Weibchen bringen jetzt ihre Jungen zur Welt. Die Sonne scheint rund um die Uhr, Nahrung ist reichlich vorhanden, *aber etwas verändert sich* in diesem Paradies.

Im Sommer wird der Permafrost der Tundra zu sumpfigem Morast – eine ideale Brutstätte für Stechmücken, die den Herden sehr zusetzen. Da das Tauwetter durch die Erderwärmung immer früher einsetzt, schlüpfen auch die Moskitos früher, und die Schwärme werden genau dann unerträglich, wenn die erschöpften Weibchen und die neugeborenen Kälber wieder zu Kräften kommen müssen. Ihnen bleibt nichts anderes übrig – sie müssen weiterziehen.

Die Herde zieht immer weiter. Gefahr droht durch reißende Flüsse und hungrige Grizzlys. Die Kälber versuchen, Schritt zu halten. Nach Monaten endet die Wanderung schließlich am kalten Arktischen Ozean. Vor den Mückenschwärmen sind die Tiere nun sicher, aber bald schon müssen sie sich wieder aufmachen und in die Winterquartiere zurückkehren.

GEFRORENE GIPFEL

WENN SICH GELEGENHEIT BIETET

Jenseits der Baumgrenze, hoch über den Wolken, gibt es Inseln am Himmel – die Berge der Welt mit ihren unvergleichlichen gefrorenen Lebensräumen.

Zum Überleben muss man hier nicht nur dünne Luft und beißende Kälte aushalten, sondern das Wetter im Allgemeinen. Durch ihre Größe schaffen Berge ihr eigenes Klima und das Wetter kann jeden Augenblick wechseln.

Aus allen Richtungen droht starker Wind, der Schneefall zu Blizzards aufpeitscht. Nebel verhüllt oft Abgründe, das Risiko *ab-zu-stürzen ist groß.*

Wegen der kurzen Schönwetterzeiten muss hier jede sich bietende Gelegenheit genutzt werden.

Nach tagelangem Nebel lässt sich in den Alpen endlich die Sonne sehen. Die mit den Ziegen verwandten **ALPENGÄMSEN** kraxeln über die Felshänge und führen ihre Kitze zwischen den Bergspitzen in Sicherheit.

Aufwinde aus dem steilen Tal tragen die **STEINADLER** immer weiter in den Himmel hinauf. Die Vogelperspektive aus dieser Höhe erlaubt ihnen, Beute auch aus drei Kilometern Entfernung zu entdecken. Ein Adlerpaar hat eine Gämse im Visier, die deutlich größer ist als sie selbst.

Unbeeindruckt stoßen sie herab, packen zu und dann … lassen sie los.

Wo die Senkrechte regiert, kann die Schwerkraft mörderisch sein.

Ob auf den tropischen Gletschern des Mount Kenya oder den welthöchsten Bergen des Himalaja – die Bewohner großer Höhen sind das Leben am Abgrund gewohnt.

Wer das Dach der Welt besteigt, erlebt das Wetter und die extremen Schwankungen der Jahreszeiten unserer gefrorenen Berge.

GESCHICHTEN
AUS DEN GEFRORENEN BERGEN

DAS RUHIGE CHAMÄLEON

Das ist ein Chamäleon … ein *sehr* geduldiges **HELMCHAMÄLEON**

Als Kaltblüter an einem kalten Berghang kann dieses Weibchen erst loslegen, wenn die tropische Sonne über dem Mount Kenya aufgeht und sie wärmt.

Ihre Geduld wird auf eine harte Probe gestellt, denn sie ist *trächtig* und soll **heute** ihre Jungen zur Welt bringen. Sie müsste los, wartet aber geduldig.

Und wartet.

Man könnte ja schon mal frühstücken. An der Schleuderzunge bleibt eine **HEUSCHRECKE** kleben.

Endlich ist die Sonne am Himmel und der Raureif schmilzt.
Jetzt kann es losgehen.

Es wird rasch wärmer. Wenn auch ihre Körpertemperatur hoch genug ist, kann sie gebären.

Ein kleines Sonnenbad sollte genügen.

Statt grün ist sie nun fast schwarz, um so viel Energie wie möglich aufzusaugen.

Endlich kann die Geburt losgehen. Das ruhige Chamäleon wird Mama von sechs kleinen Chamäleons.

Die Zeit drängt. Schon geht die Sonne unter. Die Kleinen müssen für sich selbst sorgen.
Schnell einen Unterschlupf finden – es droht die nächste eiskalte Nacht.

ICH MUSS KUSCHELN

In den japanischen Alpen kann rasch meterweise Schnee fallen und bei −20 °C Kälte kann man leicht erfrieren.

Es könnte kaum schlimmer sein – *nass*, *kalt* und *allein*, jetzt und hier in den Bergen.

Aber dieser junge **JAPAN-** oder **ROTGESICHTSMAKAKE** hat genau dieses Pech. Seine Mutter säugt schon ein neues Junges und kann sich nicht um ihn kümmern.

Er ist auf sich allein gestellt.

Er kühlt stark aus und seine Hände und Füße sind von der Nahrungssuche schon ganz kalt. Jetzt hilft nur noch eines – er muss jemanden zum Kuscheln finden.

Dort hinten zittert ein anderes rosafarbenes Gesicht im Schnee. Auch dieses Männchen ist allein und friert; gemeinsam hätten sie bessere Chancen. Aber der junge Makake muss vorsichtig sein – der andere könnte ihn angreifen.

Vielleicht könnte er ja anbieten, ihm den Pelz zu lausen?

Freundschaftlich streckt er die Hand aus …

… *und es funktioniert.*

Diese Männchen haben zum Glück einen Freund zum Kuscheln gefunden.

FLUG DER FLAMINGOS

In den Anden auf 4 000 Metern Höhe liegt der Altiplano von Bolivien.
Das Hochplateau ist ein unwirtlicher und gefährlicher Lebensraum.

Der von aktiven Vulkanen umgebene Altiplano ist eine Wüste ohne Schatten spendende Pflanzen, und im Winter gibt es keinen Schutz vor dem *schneidenden* Wind. *Was braucht es also, um hier oben überleben zu können?*

Der **ANDENFLAMINGO** hat das Problem gelöst.

Ein Pool unter Palmen scheint besser zu ihm zu passen, aber der Andenflamingo lebt hier an einem Salzsee.

Im Winter kann es −20 °C kalt werden. Alttiere ziehen einfach hinunter an wärmere Gewässer. Für diese Küken hier ist es ungleich schwieriger, denn sie können nicht weg, weil sie noch nicht fliegen gelernt haben.

Als der See zufriert, wird die Startbahn *rutschig*.

SEHR RUTSCHIG.

Noch schwieriger ist es, wenn man quasi auf **Stelzen** läuft.

Schwer ist es dazu, wenn das Gefieder voller Salz ist und zu *gefrieren* beginnt.

Im heulenden Wind drängen sich die Küken wärmend aneinander. Die Zeit läuft ihnen davon. Aber dann kommt …

EIN STARKER WINDSTOSS.

Diesen Flamingo **hebt** er vom Boden in die Höhe. Vielleicht hilft er den anderen Küken auch.

Wieder frischt der Wind auf und mit Luft unter den Flügeln können die Flamingos endlich

… FLIEGEN!

Die Vögel wirken zerbrechlich, aber sie haben tatsächlich einen der härtesten Lebensräume unseres gefrorenen Planeten erobert.

BEWOHNER
DER GEFRORENEN BERGE

GROSSE GRÄSER FÜR GROSSE PANDAS

GROSSER PANDA

Hoch oben in nebligen Bergregionen Chinas gedeiht **BAMBUS**. Das schnell wachsende Gras mit hohem Stängel ist den Pandas Lebensraum und Nahrung zugleich. Im Frühjahr und Sommer mögen sie die zarten Schösslinge, im Herbst die Blätter und im Winter kauen sie die Wurzeln. Nahrhaft ist Bambus nicht und die Bären müssen wirklich VIEL davon fressen, und das tun sie – bis zu zehn Stunden lang, jeden Tag.

GEBIRGSBEWOHNER

Was die Höhe angeht, sind Vögel am Berg unübertroffen – wahre Überlebenskünstler.

Der bedrohte neuseeländische **KEA** ist der klügste Vogel der Welt – bei ihnen gibt es sogar spezielle »Schulen«, wo Jungvögel das Suchen von Nahrung und Überleben in den Bergen voneinander lernen.

Der **STEINADLER**, ein Symbol der Stärke, ist ein Furcht einflößender Jäger, der bis zu 240 km/h schnell fliegen kann und Tiere vom Mehrfachen der eigenen Größe erbeutet.

DIE GRIESGRÄMIGE KATZE

Dieses quirlige Fellknäuel ist eine **PALLASKATZE** – eine kleine, etwas mürrisch dreinblickende Wildkatze aus den Bergen Zentralasiens. Sie hat die kürzesten Beine aller Wildkatzen. Den dicht am Boden hängenden Bauch schützt sie mit extralangem Fell und einem buschigen Schwanz.

SUPERSCHNELLE ZUNGE

Die Schleuderzunge eines **CHAMÄLEONS** ist doppelt so lang wie sein Körper. Sie faltet sich im Maul wie eine Ziehharmonika zusammen und beschleunigt beim Herausschießen schneller als ein Formel-Eins-Auto.

AUGEN AUF DEN PUMA

PUMAS jagen am liebsten in der Dämmerung. Dann können sie sich gut verstecken und mit ihren guten Augen zielsicher ein ahnungsloses Guanako anspringen. Im Gegensatz zu **LÖWEN** und **TIGERN** brüllen die kleineren Pumas nicht – sie schnurren.

DAS IST KEIN LAMA ...

... und auch kein **ALPAKA**, sondern Stammesgeschichtlich der Großvater von beiden. Das **GUANAKO** gehört zu den südamerikanischen Kameltieren, hat ein dichtes Fell, spuckt gern und kommt in den Anden auch mit extremer Kälte und unerbittlichen Winden zurecht.

INSELN IM HIMMEL

Der große Panda ist nicht nur niedlich und kuschelig … er ist der lebende Beweis, dass Naturschutz funktioniert.

Ein halbes Jahrhundert lang haben Menschen gemeinsam für die Rettung der Art gekämpft. Ackerland wurde wieder zu geschützten Bambuswäldern, die Pandas so dringend benötigen, und dank aufwändiger Nachzuchtprogramme können Pandababys jetzt wieder in freier Wildbahn leben. So weit, so gut – denn von etwa 1 000 Exemplaren 1970 haben sich die Zahlen inzwischen fast verdoppelt.

Die Zukunft des Pandas hängt von einer Pflanze ab – dem Bambus, und da liegt das Problem. Der Bambus, den Pandas fressen, wächst in kühlem Klima. Wird es wärmer, wandert diese Vegetationszone wohl die Berge hinauf, und die Pandas müssen ihm folgen und könnten am Ende auf stetig schrumpfenden Waldflächen – Inseln im Himmel – festsitzen.

Nicht nur Pandas, auch andere Tier- und Pflanzenarten auf unseren weißen Bergen können nur überleben, wenn wir Menschen den Planeten hier unten bei uns schützen.

EISIGER KONTINENT
AM ANDEREN ENDE DER WELT

Ganz im Süden der Erde fegt der Wind heftig wie ein Tornado übers Eis und es ist kälter als auf dem Mars. Wir sind in der Antarktis, einer riesigen Welt, die vom Rest des Planeten nicht weiter entfernt sein könnte.

Eisgebilde ragen aus der See, von Gletschern ins Meer entlassen und vom Wetter geformt. An Land nichts als Eis, so weit das Auge reicht – eine Eiskappe, fast doppelt so groß wie Australien.

Die Antarktis birgt 60 Prozent des Süßwassers der Welt, ist aber ihr trockenster Kontinent, praktisch eine Wüste. Im öden Inland ist seit Jahrmillionen kein Tropfen Regen gefallen. In manchen Tälern im Innern türmt sich Sand anstelle von Schnee.

KÖNIGSPINGUINE

Das ist nicht die einzige Überraschung, denn zwischen Eis und Schnee findet sich auch … **LAVA**. Der Erebus auf der Ross-Insel vor der antarktischen Südwestküste bricht seit mehr als einer Million Jahren aus, mitsamt einem *blubbernden, rauchenden* Lavasee.

SCHNEESTURM-VÖGEL

Wissenschaftlern zufolge verbirgt das Eis der Westantarktis 130 Vulkane. Und unter dem gesamten Eisschild befinden sich mehr als 400 Seen, möglicherweise mit *unbekannten Lebensformen.*

STROMATOLITHEN – von Bakterienkolonien über Jahrtausende aufgebaute feinschichtige Kalkkrusten – ragen aus dem Seegrund. Diese einfachen Lebensformen haben auf der Erde den ersten Sauerstoff an die Atmosphäre abgegeben, sodass sich höheres Leben entwickeln konnte.

STROMATOLITHEN

GESCHICHTEN
VOM EISIGEN KONTINENT

FURCHTERREGENDE FISCHZÜGE

Die sturmgebeutelte Insel Südgeorgien ist die Heimat der größten **KÖNIGSPINGUIN**-Kolonien der Welt. Tausende flauschiger Küken stehen dicht gedrängt – über den langen, strengen Winter wurden sie nur ein paarmal gefüttert. Ihre Eltern sind manchmal wochenlang auf See unterwegs, aber jetzt sind sie zurück und kommen flatternd angewatschelt.

Kaum haben die Küken gefressen, schon wollen sie mehr.

Hunderte müder, aber treu sorgender Eltern machen sich wieder auf den Weg und marschieren in langer Kolonne zum Ozean, wo mit die reichsten Fischgründe der Welt warten.

Aber etwas lauert in den Wellen.

An die dreißig **SEELEOPARDEN** patrouillieren unter dem Seetang; jeder von ihnen könnte bis zu zehn Königspinguine am Tag verschlingen.

Ein tapferer kleiner Pinguin steckt die Flosse zur Probe ins Wasser, während andere zusehen.

Die Seeleoparden kommen näher.

Den Pinguinen bleibt keine Wahl – ihre hungrigen Küken brauchen Futter. Die furchtlosen kleinen Fischer ...

STÜRZEN LOS.

Die Jagd beginnt.

Die meisten schaffen es zu den Fischgründen. Bald werden sie zurück sein, die Bäuche voller Fische.

Die Seeleoparden können warten, denn die Pinguine werden wiederkommen.

STEINE STEHLEN

Nach einem kalten Winter auf See sind die **ZÜGELPINGUINE** auf Wohnungssuche. Die Pärchen suchen eine Anhöhe für ihr Steinnest, wo sie die Eier trocken halten können. Aber es ist eng im Viertel und Baumaterial ist knapp.

Na, so was – der Nachbar scheint *genau* das Passende zu haben.

Und schneller, als man »*Hallo, Nachbar*« sagen kann, hat das diebische Paar die Steine von nebenan **gestohlen**.

GEMEINE GESCHOSSE

Die Stimmung sinkt noch weiter, als einer der Pinguine plötzlich ein dringendes **Bedürfnis** verspürt. Ins *eigene* Nest – auf keinen Fall! Der Druck wird doller, schnell den Bürzel windab; schon hebt er den Schwanz und …

KLATSCH!

Er **trifft** einen unbeteiligten Passanten!

Und er ist nicht der Einzige. Bald müssen alle Pinguine aufs Klo – und **überall** fliegen gemeine Geschosse herum.

Dabei sollte das hier doch ein *nettes* Viertel sein!

ÄRGER AM EISLOCH

Für zehn Tage alte **WEDDELLROBBEN** ist jeder Tag ein neues Abenteuer voller Leckerbissen, Sonnenbaden und Schmusen, und Mama ist immer in der Nähe. Heute kommt aber etwas Neues – Zeit für die erste Schwimmstunde!

Argwöhnisch beäugt das Junge das Eisloch, robbt dann näher, zappelt und …

PLATSCH…

… gleitet es hinein.

Weddellrobben verbringen die meiste Zeit *unter* dem Eis. Im Gewirr der sich ständig verändernden Hohlräume kann man sich leicht verirren.

Für ausgewachsene Tiere, die den Atem 90 Minuten anhalten können, ist das kein Problem. Einem Jungtier geht aber schon nach acht Minuten die Puste aus. Vorsicht, Kleine … schwimm nicht zu weit weg vom Loch!

Plötzlich kommt ein heißblütiges Männchen angeschossen, das auf Partnersuche ist. Mama hat für so was aber gerade keine Zeit, denn noch ist sie sehr mit ihrem Jungtier beschäftigt.

Dieses Männchen ist schwer wie ein Klavier und kommt der Kleinen näher, als der Mutter lieb ist – das Jungtier ist in Gefahr.

Weiß er das denn nicht?

Mit Mama sollte man sich nicht anlegen.

Sie geht auf ihn los, bleckt die Zähne, beißt zu und verschafft der Kleinen gerade genug Zeit zur Flucht.

Während das Jungtier verschnauft, sucht das verletzte Männchen das Weite und leckt seine Wunden. Offenbar haben heute *alle* dazugelernt.

Das Junge hat schwimmen gelernt und der Bulle, dass man es mit einem wütenden Muttertier besser nicht aufnimmt.

BEWOHNER
DES GEFRORENEN KONTINENTS

GIGANTEN DER TIEFE

In den tiefen dunklen Gewässern der Antarktis gedeiht eine unvorstellbare Vielzahl seltsamer Lebensformen. *Hier unten lauern Monster …*

SEESPINNEN, größer als Essteller.

Ein riesiger **VULKANSCHWAMM**, größer als die meisten Menschen (und mit etwa 15 000 Jahren auch sehr viel älter!).

SONNENSTERNE, groß wie ein Fahrradreifen, die man auch »Todessterne« nennt. Sie ziehen 50 Arme wie Angelruten durchs Wasser, um arglosen Krill zu fangen.

DER GROSSE BLAUE

Größer als der **ANTARKTISCHE BLAUWAL** ist nur sein Appetit. Er ist schwer wie ein Haus, länger als ein Lastwagen und braucht am Tag vier Tonnen Nahrung – etwa so viel, wie ein Krankenwagen wiegt.

KLEIN, ABER WICHTIG

KRILL sind kleine garnelenartige Tiere, die Algen fressen und zu Billionen in Schwärmen leben. Sie sind nur klein, aber ihre Rolle für die Nahrungskette ist GEWALTIG, denn sie liefern Nahrung für Hunderte von Arten, von Fischen und Vögeln bis zu Walen.

KRILL

ANTARKTISCHER BLAUWAL

SCHNEESTURMVOGEL   **SKUA**

ANFLIEGEN, ZIELEN ... KOTZEN

SCHNEESTURMVÖGEL nisten auch im Inland der Antarktis, meist in Felsspalten, um die Küken vor Kälte zu schützen. Dazu kommt die ständige Sorge vor Eindringlingen. Für die Abwehr der **SUBANTARKTIK-SKUA**, die häufig Küken oder Eier raubt, hat der Schneesturmvogel einen wirkungsvollen Trick: Er speit stinkendes, klebriges Magenöl auf sie.

HOCH DIE FLOSSEN

Sechs Robbenarten leben in den Gewässern der Antarktis. Alle sind ausgezeichnete Taucher mit guten Augen, die mit Schwung aus dem Wasser auf den Strand schießen können.

ROSSROBBE – Die großäugigen Tiere leben als Einzelgänger im **PACKEIS** und sind wenig erforscht.

KRABBENFRESSER – leben von Krill, nicht etwa von Krabben.

SEELEOPARD – ein gezähnter Torpedo! Die bis 4 Meter langen, stromlinienförmigen Tiere jagen gerne Jungrobben und Pinguine.

ANTARKTISCHER SEEBÄR – wirkt fast wie ein Hund, weil er auf allen vieren laufen kann.

WEDDELLROBBE – eine flotte Biene, die unter Wasser die Luft eine Stunde und länger anhalten kann (wenn sie sich nicht genüsslich auf dem Eis sonnt).

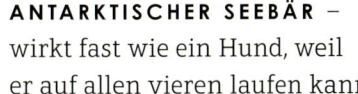

SEE-ELEFANT – taucht wie ein U-Boot bis zu 2 000 Metern tief und döst am Strand.

WELLEN ERZEUGEN

Jahr für Jahr gefrieren etwa sieben Millionen Quadratkilometer des Südpolarmeers, verdoppeln die Fläche der Antarktis und tauen wieder auf. Im Sommer schwärmt unter dem Meereis der Krill und ernährt Fische, Pinguine, Robben und Wale. Auch Orcas, die zu den klügsten Jägern des Planeten zählen, sind da.

Orcas spülen im Team ahnungslose Weddellrobben von Eisschollen ins Meer. Wenn sie Beute erspäht haben, nehmen sie Anlauf und erzeugen mit ihren Schwanzflossen synchron eine Welle, die übers Eis schwappt. Die Robben verlieren den Halt und rutschen ins Meer.

Aber alles verändert sich rasch, denn das Meereis schmilzt. Weddellrobben brauchen Ruheplätze, die sie zunehmend an Land suchen müssen. Da die Taktik der Orcas dort nicht funktioniert, müssen die intelligenten Räuber den wehrhaften Krabbenfressern und Seeleoparden nachstellen. *Ob sie so genügend Beute machen können, wird die Zeit zeigen.*

Wie es scheint, droht auch in den Extremregionen der Erde der Wandel – was hier geschieht, wird Wellen über den ganzen Planeten aussenden.

UNSER WEISSER PLANET
IM WANDEL

Es wird wärmer, weil immer mehr **TREIBHAUSGASE** in die Atmosphäre gelangen – aus **FOSSILEN BRENNSTOFFEN**, die Fabriken und Fahrzeuge antreiben, und als Methan, abgegeben von Kühen und Mülldeponien.

Diese Gase halten die Sonnenstrahlen wie eine Decke dicht am Boden fest, wodurch sich die Erde im letzten Jahrhundert um 1°C erwärmt hat. Ein Grad wärmer hört sich nicht nach viel an, aber es reicht, um unseren gefrorenen Planeten aufzutauen.

DAS GROSSE TAUEN

Wenn Pflanzen und Tiere absterben, werden sie durch Pilze, Bakterien, Insekten und Würmer zersetzt. Wo Permafrost herrscht, bleiben tote Pflanzen und Tiere im Boden über Jahrtausende gefroren, und der enthaltene Kohlenstoff kann nicht zur **GLOBALEN ERWÄRMUNG** beitragen.

Da es aber wärmer wird, taut der Permafrost auf, und tote Pflanzen und Tiere werden abgebaut. Dadurch wird das Treibhausgas Methan in die Atmosphäre freigesetzt, wo es die Erwärmung noch verstärkt.

Wo der Boden nicht mehr durch Eis zusammengehalten wird, *verändert* sich die Landschaft – es gibt Erdrutsche, der Boden **senkt** sich und in der Tundra entstehen **Löcher**.

WANDERUNG DER NAHRUNGSKETTEN

Blühendes Phytoplankton, das sich im Ozean verteilt, ernährt viele Arten. Infolge des Klimawandels wird das Meerwasser wärmer und es wird beobachtet, dass sich das Phytoplankton mit steigender Ozeantemperatur immer weiter in Richtung der Pole bewegt.

Wandert das Phytoplankton ab, dann folgen ihm die Meereslebewesen.

Seit der industriellen Revolution haben sich Zooplanktongemeinschaften auf der Verfolgung des Phytoplanktons um Hunderte von Kilometern in Richtung der Pole verlagert. Meerestiere, die vom Zooplankton leben, müssen zwangsläufig folgen und größere Räuber natürlich ebenso.

Dadurch verschiebt sich im ganzen Ozean das ökologische Gleichgewicht.

MEERESSPIEGELANSTIEG

Wenn Gletscher und Eiskappen schmelzen, fließt Wasser ins Meer. Eismassen, die von schmelzenden Gletschern kalben, werden zu Eisbergen. Beides vergrößert die Wassermenge im Ozean und lässt den Meeresspiegel steigen. Das zusätzliche Süßwasser macht das Meerwasser weniger salzig und damit leichter, sodass es nicht mehr zum Meeresgrund sinken kann.

Dies könnte das für die Ernährung allen Meereslebens wichtige globale Förderband bremsen.

BESCHÜTZER DES PLANETEN

Mit technischer Unterstützung können Forscher heute höher, weiter und tiefer vordringen denn je und aus diesen eisigen Welten berichten. Hier einige Menschen, die sich mit ihrer Arbeit für unseren weißen Planeten einsetzen – und für die erstaunlichen Geschöpfe, mit denen wir ihn uns teilen. *Vielleicht trittst du ja einmal in ihre Fußstapfen?*

ARBEIT AUS DEM ALL

Die Astronautin und Wissenschaftlerin Jessica Meir hat die Welt mit der Internationalen Raumstation sieben Monate lang umkreist. Ihre Fotos sind wichtige Zeugen für verschiedene Veränderungen – von schmelzendem Eis bis zu saisonalen Waldbränden.

BAUMELN UNTERM EIS

Der Glaziologe Alun Hubbard wagt sich bis unter die Eiskappe Grönlands und seilt sich zu tiefen und gefährlichen Gletschermühlen ab, um zu sehen, wohin das Schmelzwasser fließt.

HAARIGE BÄREN BEOBACHTEN

Der Ranger Gennadiy Fedorov sammelt auf der Wrangelinsel Sibiriens Eisbärenhaare. Beim Schnüffeln und Scharren bleiben diese an den bürstenbesetzten Kisten hängen und helfen Wissenschaftlern herauszufinden, wo die Bären herkommen und warum sie die eisfreie Küste der Insel entlangwandern.

ROBBEN VERFOLGEN

Im Packeis der Arktis versieht der Meeresökologe James Grecian junge Sattelrobben mit Sendern. So kann er sie auf ihrer ersten Wanderung verfolgen und herausfinden, wohin sie wandern und wie sie sich an das Schwinden des Meereises anpassen.

IM HELIKOPTER ÜBER HIMALAJAGLETSCHERN

Das sommerliche Schmelzwasser der Himalajagletscher versorgt in Asien Millionen von Menschen mit Trinkwasser. Aber durch den Klimawandel schwinden die Gletscher – und das dauerhaft. Der Glaziologe Hamish Pritchard wollte wissen, wie lange die Gletscher noch erhalten bleiben; deshalb flog er mit einem Radargerät über die Berge. Anhand der vom Eis reflektierten Radiowellen konnte er die Eisdicke messen und abschätzen, wie viel Gletschereis noch da ist und wie lange es noch reichen wird.

ROBOTER IM EIS

Der Glaziologe Sridhar Anandakrishnan gehört zu einem internationalen Forscherteam auf dem Thwaites-EISSCHELF in der Antarktis. Dort werden Löcher ins Eis gebohrt und Messroboter abgelassen, um in der Tiefe die Wassertemperatur zu bestimmen. Auch so lässt sich feststellen, wie schnell das Eis schmilzt.

UNSERE
EISIGE ZUKUNFT

Wetter, Landschaften, Jahreszeiten – alles an unserem weißen Planeten ist extrem, und er verändert sich schneller denn je. Wir können die Zeit zwar nicht zurückdrehen, aber wir können alle mithelfen, diese Veränderungen zu erforschen und uns anzupassen. Dass wir Menschen diesen Planeten beherrschen, hat einen einfachen Grund:

WIR SIND ZU AUSSERORDENTLICHEM FÄHIG.

Tag für Tag und auf der ganzen Welt lernen wir zu erforschen, erschaffen, erfinden, und jetzt verändern wir uns sogar.

Alt oder jung, groß oder klein – ganz egal: Jeder von uns kann die Zukunft unseres weißen Planeten schützen.

GLOS

EISBERGE
Eis, das sich von einem Gletscher oder Eisschild gelöst hat und im Meer treibt.

EISKAPPE
Große, von Eis bedeckte Fläche an Land, kleiner als ein Eisschild.

EISSCHELF
Eisschicht, die dauerhaft auf dem Meer treibt, aber noch Verbindung zum Land hat. Er bildet sich, wenn ein Gletscher zur Küste fließt.

EISSCHILD
Kilometerdicke Eisschicht, die sich über Hunderttausende von Jahren aus zusammengepresstem Schnee gebildet hat und sich langsam Richtung Meer bewegt.

EISSCHOLLE
Gefrorenes Meerwasser, das an der Ozeanoberfläche treibt.

FOSSILE BRENNSTOFFE
In der Erdkruste natürlich vorkommende Kohle, Öl und Gase, die gewonnen und zur Energieerzeugung für Strom, Wärme und Transport verbrannt werden.

GLETSCHER
Eis, das langsam bergab fließt.

GLOBALE ERWÄRMUNG
Die langfristige Zunahme der durchschnittlichen Oberflächentemperatur der Erde, vom Menschen verursacht durch die Verbrennung fossiler Brennstoffe und den Ausstoß von Treibhausgasen.

GLOBALES FÖRDERBAND
Ein System steter Meeresströmungen, das Nährstoffe auf dem ganzen Planeten verteilt.

HAGEL
Regentropfen, die in Gewitterwolken gefrieren und als Klumpen zur Erde fallen.

KLIMAWANDEL
Langfristige Veränderung des globalen oder regionalen Wettergeschehens.

KRYOSPHÄRE
Jeder Lebensraum, in dem Wasser zu Schnee und Eis gefroren ist.

MEEREIS
Meeresfläche, die im Herbst zufriert, 15 Prozent der Ozeane umfasst und im Frühling auftaut.

SAR

PACKEIS
Treibeis, das von Meeresströmungen zusammengeschoben und aufgetürmt wird.

PERMAFROST
Dauerhaft gefrorener Boden, der 20 Prozent der Landfläche der Erde einnimmt.

PHYTOPLANKTON
Winzige, auch Mikroalgen genannte Pflanzen, die im Ozean treiben und die Basis der Nahrungskette im Meer bilden.

POLYNYAS
Lücken mit offenem Wasser im Meereis.

REIF
Wasserdampf, der sich in gefrorener Form auf Oberflächen niederschlägt.

SCHNEEFLOCKEN
Wasser, das in den Wolken zu sechseckigen Kristallen gefroren ist, die sich zusammenballen und auf die Erde fallen.

STROMATOLITHEN
Von Bakterienkolonien im flachen Wasser über Jahrtausende aufgebaute, feinschichtige Kalkkrusten.

TAIGA
An die Arktis angrenzende Zone der borealen Wälder Nordamerikas und Eurasiens, in denen Nadelbäume wie Lärchen, Kiefern und Tannen vorherrschen.

TREIBHAUSGAS
Gase in der Atmosphäre, die Wärme einschließen und so die Erdoberfläche erwärmen. Dazu zählen das durch Nutzung fossiler Brennstoffe entstehende Kohlendioxid und Methan, das Nutztiere bei der Verdauung ausstoßen.

TUNDRA
Baumlose subarktische Ebenen mit vorwiegend Permafrostböden, die nur niedrige Vegetation zulassen. Mit weniger als 250 mm Jahresniederschlag zählt die Tundra eigentlich zu den Wüsten.

ZOOPLANKTON
Mikroskopisch kleine Lebewesen wie Krill, Würmer und Quallen, die mit der Strömung treiben.